AF224352

COMMENT DOIT SE FAIRE

LE PROGRÈS

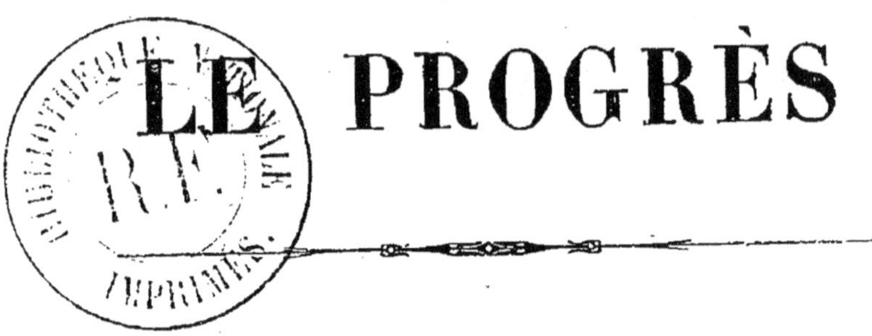

LETTRE

A MM. les Fondateurs et Membres du Comité de direction

DE

LA VIGILANTE

UNION DES AMIS DU PROGRÈS PAR L'ORDRE ET LE TRAVAIL

Par Léon PLÉE

Prix : 20 centimes

PARIS

E. LACHAUD, ÉDITEUR

4, PLACE DU THÉATRE-FRANÇAIS, 4.

1872

A MESSIEURS

ALLARD, fabricant de meubles.

ARNOULD, négociant.

AUGIÉRAS, employé de commerce.

BAUDOUIN, vice-président du Conseil des Prud'hommes.

BUCQUET, négociant.

BUGLET, peintre sur porcelaine, membre du Conseil des Prud'hommes

DALY, propriétaire.

DELAUNAY, membre de l'Institut, directeur de l'Observatoire.

DEMANGE, négociant.

DUMONT, fabricant de bijouterie.

GIRAUD, membre de l'Institut.

GRÉHAN, consul général du roi de Siam.

Léon LAPOSTOLET, négociant.

Victor PAILLARD, fabricant de bronzes.

Mis De PLŒUC, sous-gouverneur de la Banque de France, député.

Ch. RENAULT, administrateur de la Caisse d'épargne.

ROUSSE, bâtonnier de l'ordre des avocats.

Henry SINGER, propriétaire.

VERNAUD, entrepreneur de travaux publics.

J. DE VERNE.

Membres du Comité de direction de la Vigilante.

Messieurs,

J'ai lu, avec le plus grand intérêt, les différentes circulaires que vous avez publiées, et le compte rendu de votre Assemblée générale.

Votre succès n'étonnera personne ; on ne peut être que frappé de la clarté et de la simplicité de votre devise et de ses développements.

Oui, vous avez raison, le progrès doit se faire par l'ordre et le travail.

Les systèmes, par cela seul qu'ils sont des systèmes, c'est-à-dire des ensembles de vues plus ou moins pratiques, heurtant d'autres vues ayant les mêmes prétentions à la vérité absolue, les systèmes ont la fatale vertu de diviser. Ils font des prosélytes, des fanatiques quelquefois. Mais ils rencontrent forcément des ennemis aussi zélés, aussi ardents que leurs amis. Avec eux, on a la polémique, la discussion et quelquefois la guerre en permanence : aucun ne veut céder rien à l'autre, et l'on est constamment exposé à des schismes sociaux terribles.

Aussi, dans ma carrière de journaliste, ai-je toujours combattu ces mille et mille systèmes guérisseurs qui ne font qu'enflammer les esprits, irriter les cœurs, sans apporter aucun mieux social. On dispute, on se fractionne en partis, on s'arme, on se bat, et, tout, au lieu d'avancer, rétrograde.

Un jour, un seul beau jour de paix, d'accord entre les citoyens, fait plus pour l'avancement des choses que des siècles de luttes acharnées.

Une seule bonne heure de travail produit plus à l'homme, à la famille, à la société, que les querelles sans cesse renaissantes des écoles.

Le monde a été fait en six jours de travail, après des siècles et des siècles de chaos, dit Moïse. Que cette parole soit donc à la fin la leçon de l'humanité !

II.

On a dit, pour faire illusion aux autres et en se faisant illusion à soi-même, que du choc des opinions jaillit la lumière. La parole est vraie, mais les déductions sont fausses. Sans doute, la lumière jaillit souvent, mais le feu plus souvent encore. Au contraire, du choc moins poétique du marteau sur l'enclume, du choc de la réflexion individuelle avec les difficultés d'un problème ayant le progrès réel pour but, il naît toujours soit un instrument, soit une conception utiles.

Or, c'est à des œuvres tangiblement utiles que, désormais, nous devons tendre, pour réparer un temps si précieux perdu dans des luttes stériles autant que terribles, et vous proclamez très-justement cette vérité par votre devise :

« Le Progrès par l'Ordre et le Travail ! »

Je m'occuperai d'abord de l'ordre.

III.

En tout, autant que possible, il faut chercher des leçons dans la nature et dans l'histoire.

La nature ne procède ni par bonds ni par violences. Elle a son ordre établi, sans lequel on ne comprendrait pas même l'existence de l'humanité. Les trois règnes ont des rapports intimes, quoiqu'ils soient profondément dissemblables. On ne concevrait pas l'un sans l'autre. Les saisons, suivant chaque latitude, succèdent aux saisons, avec un ordre si parfait que l'homme le peut calculer facilement et qu'il permet au laboureur, au marchand, au marin, aussi bien qu'à l'hirondelle, de distribuer ses travaux. A la moindre apparence de dérangement, toute la société humaine s'inquiète, quoique avec un peu de raison et de foi, elle ne puisse pas douter de l'ordre éternel assuré par la main qui a tout créé. Les inquiétudes des animaux, à l'approche des grandes tempêtes, sont plus vives encore que celles de l'homme. Tous les naturalistes les ont décrites et la poésie a coloré les détails de ces craintes profondes.

Et c'est quand la nature nous donne de telles leçons d'harmonie et de fixité dans la variété des choses, que nous irions chercher le progrès dans le désordre !

Mais, insensés que nous serions, souvenons-nous donc des catastrophes que causent les orages du ciel, quoique passagers et réparés bien vite par l'inépuisable fécondité de la nature. Un simple torrent qui sort de son lit ruine un canton.

Les tempêtes civiles et les tempêtes sociales sont bien autrement dangereuses. Elles ne durent pas seulement quelques heures, mais des années, des siècles quelquefois, comme celles qui naquirent au temps de Luther, du fractionnement de l'Europe en deux religions, ou comme celles qui sont issues de révolutions bien connues et qui se prolongent encore après quatre-vingts ans.

Lorsqu'un désordre social ou civil commence quelque part, on ne sait jamais ni où, ni quand il finira. A Sparte, à Athènes, une fois l'antique loi ébranlée, les ambitieux enfantent les ambitieux. Les guerres intérieures commencent, et de chute en chute la Grèce arrive à l'esclavage, à la décadence, à la ruine. A Rome, les Gracques avec leurs lois agraires, sont les prédécesseurs de Marius et de Sylla. Ceux ci annoncent César, et de César, on tombe en Tibère et Caligula. Le peuple romain ne vit plus que des distributions qui lui sont faites, aux enchères de la popularité, par ses détestables flatteurs. L'ordre et le progrès fuient à jamais avec les changements continuels des empereurs. Plus de grands généraux, plus de grands orateurs. Les chutes suivent les chutes, jusqu'à ce que Rome, à son tour, elle qui a conquis le monde, voie se précipiter sous ses murs les hordes d'Alaric et celles d'Attila.

Les annales des autres nations prouvent la même vérité. Toute maison divisée s'écroule sur elle-même : aux excès de la liberté succèdent toujours ceux du despotisme, et à ceux du despotisme, les agitations sans fin, les mécontentements généraux et individuels, puis la décadence finale. Les peuples ressemblent alors au voyageur qui a perdu sa route. Les grandes voies de l'histoire et de l'humanité sont jonchées des cadavres de ces malheureuses nations qui sont ainsi mortes, entraînées hors de leur sphère d'activité.

IV.

Le désordre moral ne fait pas moins de ruines et de désastres que le désordre matériel.

M. Franck, dans son remarquable discours à votre Assemblée générale, vous a signalé plusieurs des périls qu'il engendre.

Nous n'avons plus de ces belles œuvres qui honorèrent d'autres siècles. On ne dénigre pas seulement les vivants, mais les morts ; sous le spécieux prétexte de dévoiler les mystères de l'histoire, on excite la curiosité des lecteurs par des accumulations d'horreurs et de crimes. Aucun mort illustre n'est en sûreté dans sa tombe. On le ressuscite pour le refaire à l'image des plus vils scélérats. Quand il n'y a pas vingt crimes dans un drame ou dans un roman, le public ne montre qu'une froide curiosité.

Il fallait au peuple romain déchu cent gladiateurs déchirés par les lions dans l'arène. Il faut, pour les jeter en pâture à nos insatiables spectateurs d'intrigues imaginaires, autant de victimes historiques ou de criminels fantastiques.

Les lecteurs de romans sont aussi gâtés que les spectateurs de drames ; et, l'histoire, la grave histoire elle-même, se laisse aller aux avidités du jour. Elle se perd dans d'inépuisables intrigues de détail et sous les plus grandes choses, elle cherche sans cesse à dévoiler de petits moteurs secrets. Tout est rapetissé et, que l'on me passe l'expression, *criminalisé.*

Est-ce la faute des écrivains, est-ce la faute des spectateurs et des lecteurs ? C'est évidemment celle des uns et des autres. Mais il est clair que, si, résolûment le talent, la poésie, l'art se décidaient à relever le beau et le grand, s'ils revenaient à *l'idéal,* s'ils célébraient les vertus de la famille et celles du foyer, s'ils redevenaient français dans toute la force de ce mot magique, la foule qui aime encore mieux admirer que haïr, les suivrait et les soutiendrait de ses sympathies.

Et à l'appui de cette espérance, permettez-moi de vous citer une réalité.

Tandis que l'histoire, la poésie et le drame uni au roman s'égarent, voyez la peinture.

Quel n'est pas son succès ? Cependant elle ne le cherche ni dans les horreurs, ni dans les tragédies ! Elle repousse la théorie de l'attrait par la terreur. Elle ne veut à aucun prix du laid. Le réel pour la majorité de nos peintres et de nos sculpteurs, c'est toujours le beau soit dans la figure humaine, soit dans la nature. Le réalisme proprement dit n'a eu qu'à se montrer pour être forcé de disparaître.

La religion du beau l'a emporté.

Il en a été de même dans une autre branche des arts, la musique où la recherche passagère des folies les plus excentriques a été impuissante contre le respect professé pour les grandes œuvres.

Dans l'architecture aussi, les sacrifices que l'on a été forcé de faire à l'utile n'ont pas usé le culte du beau.

Pourquoi nos grands maîtres de la plume ne lutteraient-ils pas, eux aussi, contre des tendances fatales ? La postérité dans sa justice les récompenserait, bien sûr, des instants de popularité qu'ils perdraient. La gloire de Corneille, de Racine, de Boileau, du Poussin, de Lesueur, ne vaut-elle pas toutes les gloires agitées de nos jours ?

Cela dit, j'arrive au travail !

<h2 style="text-align:center">V.</h2>

Il n'y a que le lys des champs qui ne travaille pas et qui soit magnifiquement vêtu, suivant la parole du Christ. Mais la nature travaille pour lui, de même que pour les oiseaux du ciel, qui d'ailleurs cherchent leur nourriture, besogne souvent difficile. Tous les matins j'en vois sur les rebords de nos fenêtres. Ils frapperaient volontiers aux vitres pour dire qu'il sont là, et que c'est mal de les faire attendre. Ils ne se lassent ni de voleter, ni de gazouiller jusqu'à ce qu'on leur ait donné ce qu'ils sont venus chercher. Il n'est pas un être animé qui ne soit, comme eux, préoccupé à ses heures des soins de sa vie matérielle.

Or, l'homme n'a pas que des appétits de chaque jour, il a d'insatiables besoins moraux et immatériels. Comment les contenterait-il sans la recherche constante du mieux, sans le travail ?

Le travail est le seul véritable agent du progrès, quand il est mis au service de la réflexion. Il est aussi la source de toutes les inventions véritables et de tous les revenus. On crie beaucoup contre le capital. Mais tout capital qui ne travaille pas, c'est à dire qui ne sert pas à des entreprises fructueuses, est, par le fait, un capital mort. D'ailleurs ce capital argent, auquel les utopistes font une si forte et si vaine guerre, resterait sans fruit s'il n'était mis en œuvre par deux autres capitaux : l'intelligence et les bras.

Pourquoi les utopistes, dans leur guerre aux prétendues injustices sociales, n'aboliraient-ils pas aussi ces capitaux naturels ?

Pourquoi ? C'est qu'ils anéantiraient la société elle-même !

L'histoire tout entière prouve en effet que, lorsque le travail se ralentit ou disparaît, les sociétés périclitent. Ce n'est pas seulement le peuple romain qui est tombé le jour où il s'est laissé nourrir par ses corrupteurs et où il a pris pour cri social : « *Panem et circenses,* » ce sont tous les peuples qui ont été entraînés, comme lui, dans les douceurs empoisonnées de la vie oisive.

VI.

Mais, répondra-t-on, il n'est pas question aujourd'hui de repousser le travail. Au contraire, la plupart des systèmes contemporains déclarent se proposer pour but de lui donner des droits, de le placer à une hauteur de laquelle il domine tout l'édifice social. Les politiques et les sophistes qui veulent arriver au pouvoir tiennent presque tous le même langage. Ils disent à l'ouvrier, comme autrefois Sieyès au tiers-état: « *Tu n'es rien et tu dois être tout.* »

Or, on comprend d'autant moins les plaintes et les agissements des prétendus rédempteurs du travailleur moderne, que jamais le travail n'a été plus honoré et plus fructueux qu'aujourd'hui. On a multiplié pour lui les distinctions et les récompenses. On lui a donné les mêmes droits politiques qu'à la science, qu'à la propriété.

C'est une chose vraiment curieuse et singulière que, pour faire des révolutions au nom du travail, on ait choisi précisément l'époque par excellence du travail lui-même, l'heure où il ait été le plus honoré.

Comment il est le roi du monde, il est l'âme de la société, et des novateurs viennent réclamer pour lui une organisation chimérique?

La statue du travail domine toutes nos villes, et il se trouve des gens pour répéter sans cesse au travailleur qu'il est la victime expiatoire et qu'il faut qu'il revendique ses droits, même par le fer et la flamme. Mais, insensés, ce ne fut ni à Rome, ni à Athènes, ces républiques si souvent évoquées comme modèles, que l'on eut jamais la pensée d'une semblable glorification. Prenons par exemple le plus illustre des philosophes de l'antiquité, ce divin Platon, que l'on ose quelquefois présenter comme un des prédécesseurs de celui qui a proclamé que tous les hommes sont égaux devant Dieu.

Platon dans son livre des Lois dit : « La nature n'a produit ni cordonniers, ni forgerons. De pareilles occupations dégradent ceux qui les exercent ; vils mercenaires, misérables sans nom qui sont exclus par leur état même du droit de citoyen ! »

Aristote pensait à cet égard comme Platon ; il disait dans sa politique : « Une bonne constitution n'*admettra jamais les artisans parmi les citoyens*. C'est en vain qu'on donne à l'artisan, le nom de citoyen ; la qualité de citoyen, je le répète, appartient non pas à tous les hommes libres, par cela seul qu'ils sont libres ; *elle n'appartient qu'à ceux qui ne sont pas obligés de travailler pour vivre*. »

Voilà ces républiques antiques tant préconisées ! Quel est l'homme qui oserait aujourd'hui tenir un langage semblable ? Heureusement aux philosophes grecs, succéda celui qui prit des pêcheurs pour disciples et, de proche en proche, l'esclave, le serf furent émancipés, l'artisan obtint des franchises, et le travail est devenu, comme par enchantement, la grande institution, le grand levier modernes.

Quel abîme entre le mépris d'Aristote et de Platon et la glorification d'aujourd'hui !

VII.

Pourtant, il faut le dire, une des manières les plus faciles d'égarer et d'exciter les ouvriers, c'est de leur répéter qu'ils forment une classe spéciale, que la bourgeoisie en forme une autre. Or, bien au contraire, nul n'est ouvrier aujourd'hui, qui avec du travail et un peu de succès ne puisse arriver patron demain. Presque toutes les familles des prétendus bourgeois comptent des ouvriers parmi leurs membres. Il n'y a présentement ni caste fermée, ni affectation spéciale de personnes à un métier quelconque.

Et vous-mêmes, Messieurs, quel hommage ne rendez-vous pas au travail ? Vous le déclarez votre levier principal, vous l'unissez à l'ordre, et, avec l'ordre et le travail, vous déclarez le progrès infaillible.

Puissiez-vous être entendus! Que de catastrophes individuelles vous préviendrez, que de troubles et de perturbations vous empêcherez!

Vous, financiers, hommes de science, hommes d'études, ingénieurs, artistes, vous dites à tous, travaillons, plus d'utopies, faisons le progrès par l'ordre et le travail!

Cette parole, osée si à propos, nous épargnera peut-être bien des malheurs.

J'ai connu deux frères partis du même point, ayant reçu chacun les simples leçons de l'instituteur de leur village, arrivés à Paris avec le même petit pécule, et exerçant la même profession de mécanicien. L'un, qui paraissait le moins habile, est millionnaire aujourd'hui. Il a toujours travaillé sans se préoccuper des systèmes et des agitations sociales. Il est allé à son but tout droit.

Le second, esprit ardent et certainement plus brillant que son frère, sans délaisser pourtant le travail, s'est jeté avec passion dans les questions théoriques. Il a conquis même une certaine notoriété parmi les prétendus défenseurs de la classe ouvrière. Mais rien de plus malheureux que sa carrière incidentée. Aidé vingt fois par son frère, établi, réétabli, il a été la victime constante des illusions et des chutes qui les suivent. Entraîné dans les clubs, puis dans la guerre civile, nous l'avons conduit, il y a peu, à sa dernière demeure, mort de déception, de chagrin et regrettant avec amertume d'avoir quitté la proie, le réel pour l'ombre.

Cette histoire est celle de tous ceux qui travaillent pratiquement et de tous ceux dont la discussion creuse et vide fait la vie tourmentée.

Aux premiers, les succès ; aux seconds, les désillusions sans fin !

VIII.

Pour en terminer sur le travail ; votre devise, Messieurs, me satisfait d'autant plus qu'elle semble exclure les grèves.

Le plaisant et triste moyen pour améliorer les conditions du travail, que de ne pas travailler !

Comment a-t-on jamais pu y recourir et comment la loi a-t-elle pu descendre assez de sa majestueuse sévérité, non-seulement pour le permettre, mais pour le régler ?

Les conditions d'un travail ne vous agréent pas ; vous le quittez individuellement. Les principes de liberté vous en donnent le droit. Mais vous empêchez votre collègue de travailler ; vous lui faites un devoir de s'associer à vos réclamations, de quitter son atelier. Il faut qu'il vous obéisse ou qu'il se résigne à être déclaré faux-frère ; c'est une intolérable tyrannie. Ce n'est pas seulement le travailleur modéré dans ses désirs qui est frappé ainsi, c'est sa femme, ce sont ses enfants, son vieux père.

Si l'on gagnait quelque chose aux grèves, on pourrait encore, au nom de l'utilité, approuver ce moyen barbare. Mais il y a telles grèves qui durent des semaines, un mois même. Est-ce que la hausse de quelques centimes qui les suit peut compenser les pertes faites ? Ce n'est pas tout ; pendant que l'ouvrier d'un pays donné est en grève, les ouvriers des autres pays de la même partie travaillent d'autant plus activement. Leurs produits seuls ont cours, et, quand on a réussi à forcer les patrons travaillés par la grève à donner des salaires plus élevés, le travail manque tout à fait.

En vérité, l'avenir sera bien étonné de voir qu'au siècle

des lumières, on ait inventé cette façon de faire progresser le travail, qui consiste à l'arrêter.

IX.

Du reste, Messieurs, c'est une revue très-remarquable que celle de toutes les inventions mises en œuvre pour égarer les esprits.

C'est à qui fera, par exemple, le procès de la société en général et de presque toutes les institutions sociales en particulier.

Sans doute, vous le proclamez par votre devise : tous les progrès ne sont pas faits.

Mais combien la Société s'occupe aujourd'hui de ses membres, et pourrait-on trouver dans le passé une société aussi pratiquement humaine que la Société contemporaine?

Comptons un peu !

Nous avons la merveilleuse et sublime institution des Enfants assistés. La fille des Pharaons ne recueillit que Moïse flottant dans sa corbeille de joncs; aujourd'hui nous recueillons et nous élevons tous les enfants abandonnés.

Nous avons l'institution des Crèches, qui permet à la mère de travailler sans préjudice pour son enfant.

Nous avons la salle d'asile, où la première enfance est abritée, souvent nourrie et préparée à recevoir les premiers éléments de l'instruction. La loi de 1833 fait une obligation à chaque commune d'avoir une école où la part est laissée à la gratuité.

Les Œuvres dites des Orphelinats se comptent par centaines, de même que les Œuvres d'apprentissage.

Les jeunes détenus sont l'objet de soins particuliers combinés pour les ramener au bien et leur donner un état.

L'Assistance publique de nos villes est prodigieuse dans

les efforts qu'elle multiplie ; à Paris, elle secourait, il y a peu d'années encore, plus de 100,000 indigents.

Elle commence à se développer dans les campagnes. Les départements ont des médecins des pauvres. Les bureaux d'assistance de Paris en occupent à eux seuls plus de deux cents, dont quelques-uns gravissent par mois plus de trois mille étages pour visiter les malades assistés.

Un nombre presque aussi considérable de sages-femmes font gratuitement, au nom de la cité, deux ou trois cents accouchements par an chacune, l'opération exigeant neuf jours consécutifs de soins.

Le budget des hôpitaux augmente partout de jour en jour.

Ce qui se crée chaque année de sociétés particulières d'assistance mutuelle est considérable.

La Caisse des retraites pour la vieillesse n'est plus une utopie, elle fonctionne.

Les Caisses d'épargne sauvent les économies de l'employé, du travailleur, que trop souvent autrefois, les faillites dévoraient en un seul jour.

Enfin, comme je vous le disais, sauf les progrès à faire et auxquels vous venez encore vous vouer aujourd'hui, il serait difficile de trouver une Société plus attentive pour ses membres.

Cela est si vrai que j'ai moi-même osé écrire un jour que l'on allait trop loin et que bientôt, la cité, *alma parens*, ne laisserait plus rien à faire à la famille.

En effet, si la Société se charge de l'enfant, si elle l'élève, si elle se charge de l'adulte et lui donne du travail, si elle se charge du vieillard et lui donne une retraite, quelle gloire restera-t-il à la famille, ce foyer de tous les dévouements ?

J'ai parlé plus haut de l'hirondelle. La vaillante travailleuse, est-ce qu'elle a des nourrices gratuites, des asiles, des ouvroirs, des berceuses ?

Vraiment, nous sommes devenus bien difficiles à contenter.

Et que de choses j'oublie dans la nomenclature des efforts faits pour arriver au mieux !

Les institutions des Aveugles ! Celles des Sourds-Muets ! Les écoles normales primaires qui sont gratuites ! Les hospices et les asiles créés pour éviter la mendicité ! Ceux où sont recueillis les malheureux fous, qui autrefois étaient renfermés dans des prisons.

X.

Malgré tous ces progrès, il y en a beaucoup d'autres à faire, et vous en serez les promoteurs ou les soutiens.

Quand on voit les rêves de la philosophie se réaliser et les choses se transformer si vite qu'elles trompent les calculs de la philosophie la plus avancée, on ne doit pas, on ne peut pas douter du progrès.

Honneur à vous qui déclarez votre foi à cet égard, qui ne demandez à chacun pour réaliser les vœux de l'avenir que de se soumettre à deux lois inéluctables, celle de l'ordre et celle du travail.

On peut discuter sur d'autres agents, mais ceux-ci bien compris suffisent, car qui dit ordre, dit de bonnes et justes lois librement faites et respectées, et qui dit travail, dit satisfaction des besoins matériels et des besoins moraux. Ni l'un ni l'autre ne se conçoivent sans instruction, et ils ont l'avantage incontestable de rapprocher au lieu de diviser.

Léon PLÉE.

IMPRIMERIE CENTRALE DES CHEMINS DE FER. — A. CHAIX ET Cie, A PARIS. — 0812-2.

IMPRIMERIE CENTRALE DES CHEMINS DE FER — A. CHAIX ET Cᵒ,

RUE BERGÈRE, 20, A PARIS. — 6814-2.

www.ingramcontent.com/pod-product-compliance
Lightning Source LLC
Chambersburg PA
CBHW051320050726

47595CB00008B/3636